AF227151

MESURES RADICALES

DE SÉCURITÉ

EN ALGÉRIE

PAR

Pierre RAMBAUD

ALGER

IMPRIMERIE DE L'ASSOCIATION OUVRIÈRE, P. FONTANA ET Cie

1881

COLONISATION

DE L'ALGÉRIE

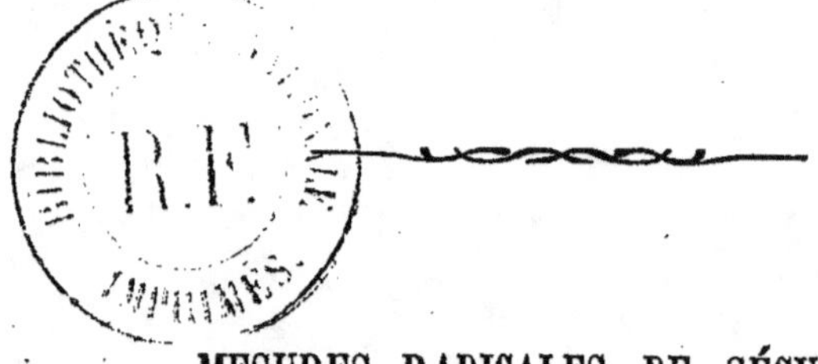

MESURES RADICALES DE SÉCURITÉ

PAR

Pierre RAMBAUD

ALGER

IMPRIMERIE DE L'ASSOCIATION OUVRIÈRE, P. FONTANA ET Cⁱᵉ

1881

AVANT-PROPOS.

La situation de notre Colonie, au point de vue de la sécurité, n'a jamais été aussi critique qu'aujourd'hui, et cela sous l'égide de la République et lorsque l'Algérie, en pleine possession du régime civil, avait le droit de croire pour jamais fermée, l'ère maudite des insurrections voulues !...

Tout semble, au contraire, s'être aggravé depuis, sous cet aspect lugubre de la question algérienne, et nous sentons le rouge de la honte nous monter au front à la pensée cruelle qu'un obscur bandit a pu, grâce à l'imprévoyance et à l'impéritie de nos chefs..... infliger à nos armes le plus sanglant affront.

Ayant habité tour à tour l'*intérieur* de nos trois provinces algériennes, et bien convaincu par de nombreux exemples, que la haute administration commençait toujours par la fin en matière de sécurité et de peuplement, nous n'avons pas cessé, pendant plus de vingt ans, de réclamer sur tous les tons, à des intervalles plus ou moins rapprochés, l'application des mesures de sécurité qui font l'objet de cette notice.

Alger, 1881.

COLONISATION DE L'ALGÉRIE

MESURES RADICALES DE SÉCURITÉ

> « La plupart des écrivains ont le sort
> de Cassandre ; ils ont beau crier la vérité,
> les puissants du jour ne les écoutent pas.
> Une catastrophe peut seule les convain-
> cre ; mais il est trop tard. »

I.

Des flots d'encre ont coulé en Algérie depuis la prise de l'émir Abd-el-Kader, pour démontrer à coups de plume la parfaite excellence d'innombrables systèmes de colonisation proposés. On a écrit ou légiféré sur tout ; sur le cantonnement des indigènes, l'emploi de la main-d'œuvre des coolis Chinois, la constitution de la propriété individuelle, le royaume arabe, le titre Ier et le titre II, et, finalement, sur la commune mixte. Quant aux moyens les plus efficaces d'établir promptement et partout la sécurité, on n'en a eu cure !

Au lieu d'édifier la pyramide par la base, on a toujours commencé par le sommet. C'est absolument le cas d'un homme qui, voulant se construire une demeure, ferait appeler le tapissier avant le maçon.

D'après tous ces plans superbes, notre territoire se peuple petit à petit. Dans quinze ou vingt ans, nous aurons obtenu, en population rurale, il faut l'espérer, un

nombre de colons, double, peut-être triple ! du personnel
administratif ou judiciaire de chaque commune mixte, y
compris le brigadier légendaire et les quatre gendarmes si
chers au cœur de l'un de nos Députés.

Dans ces conditions, nos colons désarmés seront-ils en
état de résister à une révolte locale et de la vaincre ?.....
Nos législateurs oublient un peu trop que l'Algérie étant
devenue de nos jours la terre par excellence du brigan-
dage et de l'incendie, la moindre agitation en ce pays, sans
cesse travaillé par les prédications du fanatisme musulman,
a toujours eu pour effet immédiat, d'encrer plus avant
dans l'esprit des populations européennes, de l'autre côté
de la mer bleue, l'absurde préjugé selon lequel le bon
peuple de France serait incapable de coloniser, puisqu'il
ne sait même pas assurer sa propre sécurité sur un territoire qu'il a conquis au prix du plus pur de son sang.

C'est donc la sécurité qu'il nous faut tout d'abord obtenir pour coloniser, mais une sécurité complète, absolue,
qui permette à chacun de nos colons d'aller se coucher le
soir aussi exempt d'inquiétude que s'il était encore dans
son pays natal.

Quelles seraient les mesures à prendre pour atteindre
un tel but ?

A ce propos, nous avons écrit, il y a déjà bien long-
temps, dans la presse algérienne, les lignes suivantes, qui
ne sont pas sans une grande analogie avec notre situation
actuelle :

« Nous n'avons pas eu, en Algérie, pendant les guerres
de Crimée et d'Italie, plus de dix à quinze mille hommes de
troupe pour nous défendre. Certes, il est permis de dire,
sans trop s'écarter de la vérité, que, s'il se fut alors pré-
senté au peuple arabe quelques aventuriers assez habiles
— et ils abondent dans ce pays de l'imposture — pour agir
de concert sur le fanatisme religieux des masses, un seul
coup de fusil eut entraîné une insurrection faible à son

principe, mais dont le développement rapide ne pouvant être arrêté par nous, faute d'une cavalerie suffisante, n'aurait pu être domptée qu'au prix des plus grands malheurs, dont le moindre eût été un retard de *dix ans dans la marche de la Colonie.*

» Que sera-ce donc, si raisonnant dans l'hypothèse d'une guerre sur un théâtre plus rapproché, nous voyons encore l'Algérie réduite à de si faibles moyens de défense, si surtout nous voyons encore prendre si peu de mesures stratégiques pour faire face à d'imminents périls. La guerre que nous supposons serait acharnée, implacable ! Et la France pour la soutenir dignement ne pouvant laisser en Algérie que le moins possible de ses soldats, il nous faudrait suppléer au nombre par l'habileté et l'audace et surtout par un bon et énergique commandement.

» Mais il faut, dans cette hypothèse, que nos généraux abandonnent les villes du littoral où la plupart ont leur résidence, pour aller camper sur la lisière du Tell, le long du vaste espace qui s'étend de l'Ouest à l'Est, depuis Tlemcen et Bel-Abbès jusqu'à Guelma et Souk-Ahras, du côté Nord ; et depuis Sebdou et Daya jusqu'à Batna, du côté Sud. Ils auront, dans cette position toute centrale, la possibilité de se transporter avec leur cavalerie, dans un même et court espace de temps aux limites Est, Ouest et Sud de nos possessions. Campés entre une double ligne de places bien approvisionnées, leurs ravitaillements seront faciles et leurs lignes d'opération des plus sûres.

» Nos commandants de colonne devront surtout et sans que cela puisse nuire au plan général des opérations, être autorisés, chacun dans l'étendue de son rayon, à une liberté d'action qui leur permette toute initiative jugée par eux nécessaire à la sécurité du pays, en même temps qu'investis d'un pouvoir absolu, discrétionnaire, à l'égard de tout Arabe turbulent.

» Qu'à cet ensemble de mesure, on ajoute le désarmement de tous les indigènes des villes, l'expulsion immédiàte de cette foule d'Arabes faméliques qui encombrent nos places publiques et sont autant d'ennemis du nom français, l'armement et l'approvisionnement de tous les points occupés par nous, de ceux surtout qui sont situés à l'extrême Sud de nos possessions, tels que : Géryville, Laghouat, etc., et où devront se porter le plus de vigilance et se concentrer le plus de moyens d'action. Qu'en même temps au Nord, les points les plus vulnérables de nos côtes soient suffisamment armés ; que dans chaque ville ou village, tout adolescent, tout vieillard, soit pourvu d'un fusil et l'Algérie sera mise alors à l'abri te toute surprise et de tout coup de main. »

Il va sans dire que notre faible voix ne fut pas écoutée et se perdit dans le désert, car rien ne fut changé en tant que lieux de stationnement de nos troupes.

Ici, se place une des plus grandes singularités qu'aura à enregistrer l'histoire de l'Algérie, déjà si féconde en singularité de tout genre, la voici :

A l'heure présente, nous n'entendons pousser qu'un cri dans toutes les villes du littoral : « Qu'avons-nous besoin de soldats nous autres, qu'on les envoie bien vite dans le Sud. »

Mais qu'une fois, toute inquiétude dissipée, le commandant du 19e corps d'armée juge à propos (et il fera bien d'en juger ainsi) de laisser nos troupes campées sur les points tactiques indiqués plus haut, nous ne devrons pas être surpris d'entendre pousser de nouveaux cris par les mêmes hommes qui, les premiers, avaient réclamé l'exécution de cette importante mesure.

— « Où donc allez-vous d'un pas si pressé, demandions-nous un jour à des conseillers municipaux d'une ville bien connue, se rendant à l'hôtel de la subdivision ?

— Ah ! mon cher, ne sommes-nous pas menacés de perdre le dépôt et le dernier bataillon de notre régiment ! C'est la ruine de notre pays !... Nous allons réclamer, au nom du Conseil municipal, auprès de l'autorité militaire pour qu'on n'en fasse rien (*). »

Et c'est par de pareilles doléances, dont le but intéressé a pu seconder le secret désir de quelques-uns de nos généraux de ne pas aller rôtir sous la tente, que la plus grande partie de nos troupes réste casernée dans les villes paisibles du littoral, au lieu d'aller camper le plus près possible de nos frontières toujours menacées.

C'est là une vérité qu'il faut répéter bien haut, afin de laisser aux uns et aux autres, militaires et civils, une juste part de responsabilité dans les causes contingentes des horribles massacres qui viennent d'épouvanter l'Algérie.

II.

Plus tard, nous écrivions :

» Il existe dans le langage du monde officiel en Algérie, des expressions typiques, des phrases toutes clichées et comme passéés en axiômes dans l'esprit des gens en place. Interrogez-les sur la colonisation, ils vous répon-

---

(*) C'est une vérité d'économie politique qu'un seul régiment suffit quelquefois à faire vivre la moitié d'une ville. Priver de troupes le littoral et une partie du Tell, ce serait donc, sinon la ruine, du moins la perte d'une grande partie des intérêts commerciaux de nombreuses localités. Mais, d'autre part, pouvons-nous, en présence de la gravité des évènements du Sud, faire céder l'intérêt supérieur de notre sécurité devant celui de la pièce de cinq francs ! D'ailleurs, la sécurité, une fois obtenue, ces mêmes intérêts ne puiseront-ils pas un nouvel élément de prospérité dans une augmentation considérable de l'effectif de nos troupes et de nos colons ? Seuls, les débitants de comestibles et de boissons seront peut-être sérieusement atteints, mais ce sont généralement des hommes d'un caractère hardi, aventureux, bien trempé, pour lesquels il ne faut pas s'inquiéter. Ils suivront nos colonnes et sauront s'enrichir comme tous ceux qui les ont précédés dans la même voie aux premiers jours de la conquête. Au demeurant, leur patriotisme sera toujours à la hauteur des circonstances.

dront avec un aplomb superbe, fussent-ils fraîchement débarqués de Pézenas : « La colonisation en Algérie, c'est une question de latitude. » Ils l'ont lu ou entendu dire et en ont fait leur *Credo*. C'est tout ce qu'ils savent sur notre Colonie.

» D'un autre côté, nous nous sommes trouvé maintes fois en présence d'anciens castors administratifs et, rarement, les discussions soulevées entre nous sur cet inépuisable sujet, ont abouti, de leur part, à une conclusion différente ; c'était toujours pour ces vétérans, comme pour les nouvelles recrues, une question de latitude.

» Là est pourtant le plus grand de nos périls. » Les Ministres passent, mais les bureaux restent, » a dit M. d'Audiffret-Pasquier, au sujet de l'enquête faite sur les abus administratifs des bureaux de la guerre.

» Or, les bureaux, dans quelque ordre qu'on les prenne, sont généralement les maîtres aussi bien en France qu'en Algérie et nous gouvernent suivant leur bon plaisir. Il nous faut donc saisir le taureau par les cornes et le combattre avec ses propres armes pour en finir :

» Oui ! la colonisation est une question de latitude, c'est là une vérité élémentaire, mais dont l'application semble toujours avoir été comprise par vous, au rebours des intérêts les plus vitaux de ce beau pays. Vous voudriez en vain, par ces mots creux et sonores, justifier plus longtemps l'absurde distinction de territoire civil et territoire militaire, imaginée par vous entre la zône du littoral et le massif tellien ! Ces deux points se ressemblent sous le rapport ethnographique et se soudent l'un à l'autre, vous aurez beau le nier ! Ils sont sous la *même latitude* et peuvent aujourd'hui se mouvoir à l'aise, snr le même axe, en d'autres termes être civilement administrés partout.

» *Question de latitude !* Oui ! Car au lieu de laisser nos troupes sur le littoral et dans l'intérieur des terres, nous devrions les envoyer camper sur l'extrême lisière du Tell et en garnir solidement nos deux frontières de Tunisie et du Maroc. Une armée de 50,000 hommes, s'étendant de l'Est à l'Ouest depuis Souk-Ahras, Aïn-Beïda et Tébessa, en s'appuyant par échelons sur Bou-Sâada, Frenda, Saïda, Daya et Sebdou, formerait une ligne de baïonnettes infranchissable à tous les Ouled Sidi-Cheiks présents et futurs et, chose inestimable, assurerait, en même temps, à nos colons groupés ou isolés un peu partout, une sécurité dont le besoin n'a cessé de se faire vivement sentir depuis 40 ans.

» Question de latitude ! Si sachant employer dans les camps la main-d'œuvre militaire à des travaux d'utilité publique, tels que : routes, fontaines et abreuvoirs, nous rendons possible, en toute saison, les communications d'un point à un autre.

» Question de latitude ! Si, revenant aux grands principes du maréchal Bugeaud, dont il faut toujours invoquer le nom et citer les nobles exemples en matière de colonisation, nous savons conserver parmi nous les militaires libérés, en leur accordant exceptionnellement, s'ils ont su s'en rendre dignes pendant leur séjour sous les drapeaux, quelques hectares de terre et les quelques vivres accordés aux Alsaciens-Lorrains. Les anciens militaires ont toujours été et seront encore nos meilleurs colons. Acclimatés et aguerris, ils défient la fièvre et savent braver tout péril. Qu'ils fassent souche et l'Algérie sera bientôt peuplée.

» Question de latitude ! Si l'armée organisée en colonnes mobiles, rayonne en pays arabe en arrière et en avant de nous et favorise, en même temps, le mouvement colonisateur dans le Tell où nos populations rurales aidées du concours des milices et de la gendarmerie, suffiront à se garder et pourront alors vivre et se multiplier sans être sans cesse menacées dans leur existence et dans leurs biens.

» Question de latitude ! Vous l'avez dit, mais dans un sens trop exclusif et rétrograde pour ne pas disparaître comme une brume malsaine devant l'éclatante lumière de la vérité. »

Ce fut encore peine perdue !

Déçu, mais non découragé, et de plus en plus convaincu que tout, dans la direction politique du pays, allait à rebours de la sécurité sans laquelle les plus beaux projets de peuplement et de colonisation deviennent lettre morte, nous faisions appel, un peu plus tard, au dévouement du généra Chanzy, dont l'arrivée comme Gouverneur général était annoncée parmi nous :

« Si nous avions l'insigne honneur de compter au nombre de nos édiles, nous nous transporterions au-devant du nouveau Gouverneur général civil et nous lui tiendrions ce langage.

» Vos titres à la sympathie et à la confiance des Algériens sont nombreux, Monsieur le Gouverneur. Comme Directeur du Bureau politique à Oran, vous aviez su, par vos qualités personnelles et votre grande serviabilité, vous concilier l'estime de tous.

» Nous aimions donc déjà votre nom, lorsque au milieu de l'épouvantable tourmente qui mettait en lambeau tant de vieilles réputations militaires, vous avez eu le rare mérite de conserver jusqu'à la fin de la lutte, la mâle confiance qu'inspire toujours aux grandes âmes, dans le péril suprême de la Patrie, l'héroïque résolution de vaincre ou de mourir, en refusant d'associer votre nom à un traité de paix qui sera l'éternelle honte de notre malheureux pays.

» Vous aviez calculé comme le grand patriote dont les puissants efforts nous avaient déjà relevés de notre profond abaissement, que deux mois, un seul mois encore de résistance, pouvait nous sauver en épuisant un ennemi bien découragé et que le moindre retour de l'inconstante fortune du côté de nos armes aurait complètement anéanti.

» Elu président du Centre gauche à l'Assemblée de Versailles, vous vous êtes rallié à la République avec une netteté de langage qui vous fait le plus grand honneur. A tous ces titres, soyez le bienvenu ! Le sabre dont vous êtes encore la personnification aux yeux de beaucoup d'Algériens, au lieu de nous effrayer nous rassure.

» Il nous rassure, parce qu'il vous donne comme Gouverneur civil plus d'autorité et de force qu'à votre prédécesseur; parce que connaissant l'Algérie à fond, aucune influence intéressée n'aura prise sur vous ; parce que, enfin, ami du progrès avant tout, vous voudrez et pourrez avec la double autorité dont vous êtes investi, conduire l'Algérie dans la voie féconde de la colonisation.

» J'ai pu aimer les Arabes jusqu'en 1871, mais, depuis, ma manière de voir a changé, » avouait franchement, il y a quelques jours, un chef militaire de l'armée d'Afrique. Votre manière de voir, Général, a dû changer également devant l'égorgement sauvage de nos paisibles colons !

» Le maréchal Bugeaud, dont on ne peut se lasser d'invoquer le nom, demandait 100,000 hommes pour pacifier et coloniser l'Algérie. Il voulait, à la fois, dans son système, utiliser la main-d'œuvre militaire et donner toute sécurité à nos colons. Les Chambres refusérent. Aujourd'hui 50,000 hommes suffiraient et vous les avez sous la main. Donnez un ordre, faites un signe et ce que n'aurait jamais pu obtenir votre prédécesseur, se fera. L'armée, toujours dévouée, allant camper sur la limite du Tell, fera beaucoup plus pour la colonisation que 200,000 hommes casernés et oisifs dans nos cités. Le problème est là, et nous en attendons la solution de votre profond attachement pour l'Algérie.

» L'occasion est unique ! La féodalité arabe est moralement abattue. Personne, aujourd'hui, n'oserait plaider sa cause devant vous ; ne lui laissez pas le temps de se relever. Agissez avec vigueur et décision et vous aurez à votre tour, comme le maréchal Bugeaud, bien mérité de l'Algérie. »

Malheureusement, il y a loin de la coupe aux lèvres. Le général Chanzy était certainement animé des meilleures intentions et avait pris au sérieux son nouveau titre de Gouverneur *civil*; mais entraîné peu à peu dans le courant réactionnaire de la faction, alors toute puissante à Alger, il ne put complètement dépouiller le vieil homme et ne sut ou n'osa pas rompre en visière avec les errements funestes du passé. Il laissa tout, ou à peu près, dans le *statu quo* au point de vue de la sécurité et ne s'occupa plus que de museler la Presse qui avait le mauvais goût de ne pas toujours approuver les actes de son administration.

Peut-être aussi céda-t-il un peu trop, en ne prenant aucune des mesures énergiques indiquées depuis si long-temps par la situation, à « *ces sentiments de camaraderie* » dont a parlé tout récemment à la tribune M. H. Brisson, et qui pour un homme élevé comme lui à l'école de l'ad-miration mutuelle, devaient s'imposer à son cœur comme le plus saint des devoirs.

Rien donc ne fut changé, si ce n'est un redoublement d'incendie de nos forêts, marquant d'une lueur sinistre cette trop longue période d'un pouvoir énervé qui n'avait même pas su prévenir certaines insurrections partielles dans le Sud de nos possessions.

III.

Toujours acharné à la poursuite de notre but, nous écrivions encore vers la même époque :

« Un savant et aimable médecin que nous surprîmes un jour jetant par les fenêtres une infinité de drogues qu'il avait trouvées réunies dans certaine pharmacie militaire, nous dit qu'il n'avait besoin, pour sa thérapeutique en Algérie, que de deux médicaments : l'ipéca et la quinine. Cette simplification apportée dans la pharmacopée et la pratique médicale en ce pays, pourrait, croyons-nous, s'appliquer avec fruit aux choses de notre administration.

» Comme si nous n'avions pas assez depuis quarante ans des difficultés nées en principe de la juxta-position et de l'antagonisme des races, engendrant la dualité des pouvoirs, il nous a fallu encore passer par une innombrable série d'arrêtés et de circulaires contradictoires, produit hybride de l'humeur légiférante des nombreux plumitifs qui, de tout temps, ont peuplé nos bureaux, et dont le volumineux recueil dû aux travaux patients de M. de Ménerville, n'est qu'un mince compendium.

» L'esprit se perd dans cet interminable fouillis d'actes avortés, rapportés ou remis à neuf et tout lecteur sérieux se demande, en présence de ces annales d'une législation qui n'a jamais produit qu'incertitudes et tâtonnements, si elle n'est pas l'œuvre inconsciente d'hallucinés échappés de Charenton.

» Il devait inévitablement résulter de ce gâchis que la colonisation proprement dite, n'a jamais pu faire un pas sérieux en avant, n'a jamais pu surtout se développer librement et qu'aujourd'hui les insurrections et l'incendie ont pu, à la faveur de tout ce désarroi, prendre un caractère de périodicité tellement inquiétant, qu'il y aurait lieu de désespérer de l'avenir de l'Algérie, si le nouveau Gouverneur en nous promettant de maintenir l'*ordre*, ne s'était implicitement engagé à mettre un frein salutaire aux effets brûlants de la haine toujours active des chefs arabes vis-à-vis de nous et d'éteindre, en même temps, l'hostilité non moins active d'une école fameuse dont tout l'idéal politique consiste dans la création anti-française d'un royaume de circoncis, école toujours debout et puissante quoi qu'on en ait dit, plus puissants encore au ministère qu'en Algérie.

» Le nouveau Gouverneur a, plus qu'aucun autre, l'autorité et le prestige nécessaires pour obtenir tout ce qu'il voudra. La santé de notre Colonie, comme celle de nos colons, pouvant, à notre sens, dépendre de deux bons remèdes, qu'il sache les appliquer avec vigueur et tout ira bien.

» Le premier de ces remèdes — tout homme sensé le connaît — c'est d'envoyer camper notre armée sur l'extrême lisière du Tell pour assurer notre tranquillité partout. Le second, c'est d'inviter les grands chefs arabes à aller visiter, avec leurs familles, le tombeau du Prophète à la Mecque et de s'y fixer, si mieux ils n'aiment aller faire élection de domicile en tout autre pays musulman, comme Brousses, Damiette ou le Caire. Il leur serait surtout accordé d'emmener le plus de marabouts possible avec eux.

» En vérité, lorsqu'on songe qu'un pauvre diable de citoyen français, habitant Lyon, Marseille ou Paris, serait, en vertu du bienheureux état de siége, traduit devant un conseil de guerre et aussitôt déporté, s'il était trouvé porteur d'un fusil, on se sent la conscience parfaitement à l'aise quant à l'application du deuxième remède, à l'égard d'une douzaine de hauts barons pillards qui nous font égorger de temps en temps en gros et en détail et n'en continuent pas moins impudemment à nous faire administrer en territoire dit militaire au mieux de leurs propres et seuls intérêts.

» Ces deux bons remèdes une fois appliqués, nos plumitifs pourraient fermer le robinet de leur éloquence..... écrite et arrêter le jet trop abondant de leurs savantes conceptions.

» La pratique se substituant à la théorie, on légifèrerait beaucoup moins, mais on agirait beaucoup plus vite et mieux. Nous mettrions le pied sur le terrain solide de l'expérience au fur et à mesure des résultats acquis. La chimère toujours menaçante du Royaume Arabe disparaîtrait enfin, et le cadre de la colonisation serait aisément agrandi; le peuplement s'en suivrait; l'application de la loi sur la propriété individuelle deviendrait plus active et tout se bornerait alors, pour assurer la marche rapide de notre conquête vers de meilleures destinées, à l'application pure et simple, mais féconde, des grands principes de droit commun qui régissent la mère-patrie.

» Alors seulement, il serait temps de discuter sur l'assimilation ou l'autonomie et de voir assimilateurs et antonomistes essayer de se mettre d'accord. »

IV.

L'année 1879 ouvrit enfin l'ère du pouvoir civil, par la nomination de M. Albert Grévy comme Gouverneur général.

A cette époque de rénovation algérienne, nous écrivions à l'un de nos amis :

« Vivat ! nous voilà enfin à même de marcher sans l'aide des orthopédistes à poigne, envoyés en Algérie par l'ordre moral et dont toute la science administrative consistait à nous immobiliser dans les ligatures du fameux titre II.

» Le soleil d'Alger n'a, aujourd'hui, ni plus ni moins d'éclat qu'auparavant ; la place du Gouvernement a toujours la même physionomie ; Bulard se trompe encore quelquefois ; en un mot, rien n'est changé dans l'ordre des choses physiques, et, pourtant depuis trois jours, nos poitrines se sont comme élargies, nos cœurs battent plus librement.

» Pourquoi ? Tout simplement parce que M. Albert Grévy et M. le Général Saussier, l'un Gouverneur civil, l'autre commandant du 19e corps d'armée, nous arrivent après-demain, bras dessus bras dessous, comme une paire d'amis.

» C'est toute une révolution dans les antiques coutumes arabo-turcophiles de l'Algérie ! L'habit bourgeois et le frac militaire coude-à-coude ; la main du pékin dans celle du troupier, est-ce possible ! Les murs de nos Académies et Cercles militaires qui les séparaient si bien, s'ébranlent déjà et vont crouler, com   ceux de Jéricho, au bruit retentissant des fanfares qui salueront l'arrivée des deux amis.

» Jusqu'ici, la science gouvernementale des plumets, nés malins, consistait à entretenir en Algérie, avec un soin jaloux, un antagonisme « latent » entre militaires et civils, afin de faire passer ceux-ci auprès du pouvoir central, à Paris, pour complétement ingouvernables. Tout grand panache gagnait à ce jeu-là un cran d'autorité de plus et la certitude de retarder d'autant, l'avènement du régime civil dont les amis fidèles, les bachs-agha, n'entendent jamais parler sans se retrousser la moustache et caresser avec un violent amour, la poignée de leur yatagan.

» En bons gouverneurs militaires qu'ils étaient, ayant autrefois guerroyé avec les grands chefs arabes, pouvaient-ils faire autrement ?

» M. le général Saussier, lui, ne sort pas des bureaux arabes. On le dit animé d'un grand patriotisme et, par dessus tout, franchement républicain. Il saura donc rompre avec les traditions d'un militarisme complétement usé et condamné, pour seconder vaillamment la politique de marche en avant et du réel progrès que veut inaugurer M. Albert Grévy...

» S'il en était autrement, il faudrait nous attendre à renouveler bientôt l'expérience désastreuse de 1858 et 1863 et renoncer cette fois pour toujours, à peupler l'Algérie. Mais ce malheur n'arrivera pas. Le nouveau commandant du 19e corps d'armée saura trouver dans son patriotisme éclairé, la sagesse nécessaire pour se soustraire aux influences mielleuses et perfides qui voudraient le détourner de son devoir, et, dans la solidarité de ses principes d'honnête homme et de républicain, l'inébranlable volonté de briser sur le coup toute velléité de résistance et de force d'inertie opposée à ses vues.

» Nous pourrons alors, il faut l'espérer, en modifiant un mot historique bien connu, nous écrier à notre tour, dans notre joie : « Tout est changé en Algérie, il n'y a pourtant que deux hommes de plus. »

V

Pourquoi hélas ! ce bon accord entre le Gouverneur général et le Commandant du 19e corps d'armée n'a-t-il duré qu'un jour ?.................

VI

Dans l'opinion de tout vieil algérien, la substitution du régime civil au régime militaire devant être suivie d'une plus diligente application de la loi du 21 juillet 1873 sur la constitution de la propriété individuelle, il y avait grandement à craindre d'éveiller la sourde irritation des grands chefs indigènes que frappait le plus, dans leur intérêts, cette grande mesure d'équité, et de s'attendre, par conséquent, à voir cette même irritation se traduire par toutes sortes d'agissements coupables tentés dans le seul but de jeter l'inquiétude parmi nos colons, troubler notre sécurité et entraver d'autant l'action du peuplement, dans l'attente secrète de quelque grave complication politique en Europe, qui fut devenue pour eux le signal d'une nouvelle levée de boucliers contre nous.

Comment expliquer autrement que par une sorte de conjuration tacite des grands chefs, la longue série de vols et d'attentats qui, depuis bientôt trois ans, se commettent journellement dans le Tell et n'ont été, pour ainsi dire, que le sombre prologue du drame effrayant de Saïda !

VII

M. le général Saussier est aujourd'hui revenu parmi
nous. Si, comme on l'assure, les pouvoirs les plus étendus
lui ont été donnés en même temps que lui a été faite la
promesse d'augmenter dans une grande proportion l'effectif de nos troupes pour étouffer rapidement l'insurrection
si maladroitement combattue jusqu'ici, nous pourrons voir
disparaître dans peu de jours, il faut l'espérer, toute trace
d'agitation et jouir enfin d'une sécurité durable et non
troublée...

Et après ?...

La dualité des pouvoirs civil et militaire, si funeste de
tout temps à l'Algérie, va-t-elle revivre et se perpétuer ?
La toge sénatoriale consentira-t-elle à s'incliner devant
l'épée triomphante ? Ou bien celle-ci devra-t-elle se subor-
donner à celle-là ? Ou bien encore les deux pouvoirs ri-
vaux devront-ils s'exercer et se mouvoir, parallèlement,
dans la sphère de leurs attributions respectives, pour se
centraliser entre les mains de nos ministres sous le nom
baroque et si gros de difficultés de rattachement ?

Autant de questions graves dont la solution vainement
attendue depuis trop longtemps s'impose aujourd'hui au
patriotisme de nos législateurs et de nos gouvernants,
comme le premier et le plus impérieux des devoirs.

De l'avis commun l'épée, seule, peut vaincre les difficultés présentes. Mais si tous nous désirons que cette
épée dont le rôle devient prépondérant dans les circonstances actuelles, ne rentre pas trop vite au fourreau afin
d'assurer les progrès du peuplement ; tous, nous désirons
également qu'une fois l'Algérie tranquille et pacifiée, elle
soit subordonnée sans réserve au pouvoir *civil*, entièrement
civil, entendons-nous bien, pour ne pas jouer une nou-

velle fois sur l'équivoque du mot, et recommencer la déplorable expérience du proconsulat de M. Chanzy.

Mais, qu'on agisse avec promptitude et vigueur ; nous n'aurons la sécurité qu'à ce prix.

VIII.

Au moment de terminer nous apprenons la mise en disponibilité par retrait d'emploi, du général Collignon et la mise à la retraite des colonels Brunetière et Quarante.

Quelle hécatombe de généraux et de colonels depuis le jour où le fantastique « cercle de fer » allait se resserrant chaque jour autour de l'insaisissable Boù-Amema !

Ces nombreuses exécutions inquiètent l'opinion publique, non qu'elles soient jugées trop sévère, oh non ! mais parce que cette même opinion publique a le droit de trouver bien étrange, que le ministre de la guerre se plaise tant à imiter en cette circonstance « de Conrard le silence prudent » sur les véritables causes de tant de disgrâces à la fois.

De même qu'il est d'usage dans les promotions militaires de justifier des droits de chacun des promus, par une citation courte et sommaire des services rendus ; de même, il nous eut paru fort juste, à nous Algériens, qu'on nous eut fait connaître par une toute petite note additionnelle, les motifs véritables pour lesquels tant de chefs viennent d'être frappés.

Leur culpabilité emprunte aux circonstances auxquelles elle se rattache, un tel caractère de gravité, qu'il voudrait mieux faire le grand jour sur tous leurs actes et leurs agissements que d'en laisser le côté principal dans une sorte de clair-obscur qui fausse le point de vue et peut faire croire à une plus grande culpabilité qu'on n'ose le dire en haut lieu ?..

De bonne foi, peut-on admettre que dans le court espace d'un mois, il ait pu se recruter dans les rangs de l'armée française, un si grand nombre de chefs aussi complètement incapables et ignorants des choses de la guerre ?....

Cela est tout-à-fait impossible ! Que faut-il donc penser ?....

Seuls, les débats d'un conseil de guerre pourraient nous l'apprendre ; mais M. Farre se gardera probablement d'y recourir.

Nous n'en pousserons pas moins avec énergie, dans notre patriotisme alarmé, le cri de Gœthe à son lit de mort : « De la lumière, de la lumière ! »

FIN.

DU MÊME AUTEUR :

Gaston Renaud, l'ouvrier, 1 vol. in-12...... 3 fr.

Librairie SANDOZ et FISCHBACHE, éditeurs.
rue de Seine, 33, Paris.

SCÈNES DE LA VIE MILITAIRE : **Un Volontariat
de Sept ans,** 1 vol. in-12...................... 2 fr.

Librairie CHÉNIAUX-FRANVILLE, rue Bab-el-Oued,
Alger.